EQ – Das Herz im Hirn

Kerstina von Hagenberg

Ein Leitfaden für den Alltag
mit emotionaler Intelligenz

Books to go

Inspiration und Bildung
für die Jackentasche

with you

Bibliografische Information der Deutschen
Nationalbibliothek:
Die Deutsche Nationalbibliothek verzeichnet diese
Publikation in der Deutschen Nationalbibliografie;
detaillierte bibliografische Daten sind im Internet über
http://dnb.dnb.de abrufbar.

Herstellung und Verlag: BoD – Books on Demand,
Norderstedt

ISBN: 9783754330098

„Mit den Blicken in die Spiegel
könnt ich schwören, dass andere mir erscheinen.
Deshalb widme ich dieses Lied dem Gefühl,
dem Gefühl im Allgemeinen."

~ Rainer von Vielen ~

Inhaltsverzeichnis

Einleitung

Jeder Mensch hat seine eigene charakteristische Persönlichkeit, seine Art zu denken, zu fühlen, die Umgebung wahrzunehmen und mit anderen Menschen in Kontakt zu treten.

Der Psychologe Daniel Goleman bezeichnet den Charakter als die Intelligenz der Gefühle.

Alle Menschen sind einzigartig, und dennoch folgen nur wenige wirklich ihrem Herzen. Emotionen stellen einen Kompass dar, der uns die Richtungen im Leben anzeigt; – zu mehr Liebe, Wohlgefühl und Würde. Gefühle dienen als Wegweiser und helfen uns, Entscheidungen zu treffen.
Emotionen besitzen eine eigene Intelligenz und Formen der Wahrnehmung. Gefühle folgen assoziativer Logik, die Realitäten mit Sehnsüchten ausschmückt. Erinnerungen können für die Gefühlswelt hilfreicher sein, als die Gegenwart.

Wir lenken unser Leben in die Richtung, die wir emotional anstreben. Nur Gefühle machen Bewusstsein und bewusstes Sein möglich.

Es nutzt allen Menschen, die eigenen Emotionen besser verstehen zu lernen und Beziehungen durch die Gefühlswelt zu pflegen.

Für die Gefühle ist jeder selbst zuständig.

Die Sprache der Gefühle ist nonverbal und drückt sich durch den Klang der Stimme, Gesten und dem Gesichtsausdruck aus.
Kernemotionen lassen sich an der Mimik bei Menschen aller Kulturen gleichermaßen erkennen: Freude, Erstaunen, Schock, Liebe, Scham, Ekel, Furcht, Wut.
Als Temperamente agieren im Hintergrund der Gefühle genetisch bedingte Reaktionen.

Der IQ beeinflusst ungefähr 20 % des Lebens, die restlichen 80 % wirken durch andere Kräfte.

Der Intelligenz – Quotient (IQ) steht überwiegend fest. Schwankungen entstehen durch die Gefühlswelt (zum Beispiel bei Prüfungsangst).

Der Emotionale – Quotient (EQ) ist nur begrenzt messbar, weil er nur zum Teil genetisch bedingt und immer in Bewegung ist. Er lässt sich durch uns beeinflussen, wir können mit ihm arbeiten und lernen, ihn zu steuern.

Ein Leben ohne Gefühle ist ein Leben ohne Sinnempfindungen, – sozusagen ein sinnloses Leben.

Die Wertigkeit, die wir Ereignissen beimessen, veranlasst zum Handeln, also ob wir uns der Situation annähern oder sie meiden.
Es liegt an uns, ob wir uns auf positive oder negative Emotionen einlassen.

Ob Intelligenz in Emotionen vorhanden ist, oder ob sie an Gefühle heran getragen wird, ist noch unerforscht.

Emotionale Intelligenz beinhaltet Fähigkeiten, die den Menschen helfen mit anderen zu harmonisieren und mit sich selbst zufrieden und im „Flow" zu sein.
Wer sich mit seinen Gefühlen und seiner Seele beschäftigt, findet in sich einen guten Ansprechpartner und kann auch für andere Menschen einer sein.
Man wird sich selbst auch nicht so leicht überdrüssig, wenn man sich besser kennenlernt.

Folge den Spuren, die du in deinem Leben hinterlässt ...

Die Biochemie der Persönlichkeit

Das Gehirn ist die Hardware für das Dasein.

Unser Gehirn besteht aus zwei Teilen; – dem kognitiven Gehirn, das bewusst und rational reagiert und sich der Außenwelt zuwendet; – und dem emotionalen Gehirn, das unbewusst wirkt, auf das Überleben ausgerichtet ist und in engem Kontakt zum Körperkreislauf steht. Dieses „limbische System" kontrolliert die Gefühle und die Physiologie.

Das Stammhirn reguliert die Lebensfunktionen, wie Atem, Stoffwechsel und Bewegungsabläufe. Es funktioniert wie ein vorprogrammierter Regulator, der nicht denkt, sondern nur auf Impulse reagiert.

Die Großhirnrinde, der Neokortex, setzt um, was die Sinne wahrnehmen.

Für die Einzigartigkeit des Menschen sind verschiedene Hirnsysteme verantwortlich:
* Limbisches System: fühlt Bindungen und Stimmungen
* Basalganglien: steuern die Geschwindigkeiten im Körper
* Präfrontaler Cortex: übernimmt die Aufsicht
* Cingulum: ist das Schaltzentrum

* Schläfenlappen: sind das Gedächtnis, prägen das Sprachverständnis und die affektive Kontrolle

Die beiden Gehirne, das Emotionale und das Kognitive, nehmen die von der Außenwelt kommenden Informationen nahezu gleichzeitig auf.
Danach können sie entweder gut zusammenarbeiten oder einander die Kontrolle über Denken, Gefühle und Verhalten streitig machen.
Rivalitäten zwischen beiden Gehirnteilen machen uns unglücklich.
Ergänzen sich emotionales und kognitives Gehirn, gibt das Emotionale die Richtung vor, wie wir unser Leben gestalten wollen, und das Kognitive sucht einen passenden Weg.
Das Resultat dieser Reaktionen bestimmt unser Verhalten zur Umwelt.

Die Großhirnrinde (Neokortex) reguliert die Wahrnehmung, die Sprache und das Denken.
Über den präfontalen Kortex steuert der Neokortex Achtsamkeit, Konzentration, Hemmung und Unterdrückung von Impulsen und Instinkten, soziale Beziehungen und moralisches Verhalten.

Als emotionales Gehirn werden die limbischen Bereiche bezeichnet, die Überlebensreaktionen, Gefühle und Angst steuern.

Es besteht aus Nervengeweben und verfügt über eine andere Zellstruktur, als der Neokortex.
Die limbischen Bereiche sind bei allen Säugetieren gleichermaßen vorhanden und somit der älteste Teil der Evolution des Gehirns.
Das limbische System steuert das psychische Wohlbefinden und nimmt Einfluss auf die Herzfunktion, den Blutdruck, die Hormone, das Verdauungs - und das Immunsystem. So kann auch umgekehrt, also über diese Körperorgane, Einfluss auf das Seelenleben genommen werden.

Das limbische System ist ein Kommandoposten, der fortwährend Informationen aus verschiedenen Körperbereichen erhält und darauf entsprechend reagiert.
Es kontrolliert das körperliche Gleichgewicht.
Das limbische System verfügt über natürliche Mechanismen der Selbstheilung, um Harmonie und Wohlgefühl zu erlangen.
Die Ursachen für Funktionsstörungen im limbischen System hängen oft mit Prägungen aus der Vergangenheit zusammen. Damit sie ihren Einfluss auf die Gegenwart verlieren, müssen sie sozusagen umprogrammiert oder ersetzt werden.

Gefühle müssen aber auch durch rationale Gedanken untermauert und den jeweiligen Umständen angepasst werden.

Andernfalls sind die Reaktionen auf und aus dem Umfeld nicht kalkulierbar.

Ohne Überlegungen schaukeln die Emotionen zwischen Frohsinn und Frustration hin und her, deshalb arbeiten beide Gehirnhälften miteinander, um den best möglichen Weg zu finden.

=> Das Gleichgewicht zwischen Gefühl und Verstand wird als „emotionale Intelligenz" bezeichnet.

Das limbische System überwacht permanent die Umgebung. Sobald es eine Gefahr oder eine gute Gelegenheit wahrnimmt, unterbricht das kognitive Gehirn seine aktuelle Tätigkeit. Beide Anteile konzentrieren sich umgehend darauf, was für das eigene Überleben wichtig ist.

Unter der Einwirkung von Stress reagiert der präfrontale Kortex nicht mehr und verliert die Fähigkeit, das Verhalten zu steuern. Reflexe und Intuition gewinnen die Oberhand.
Werden die Gefühle übermächtig, übernehmen sie die Herrschaft über das Denken.
Das kognitive Gehirn kontrolliert die Aufmerksamkeit und besitzt die Fähigkeit, emotionale Reaktionen zu dämpfen. Diese Steuerung bewahrt uns davor, dass nur Instinkte und Reflexe reagieren.

Werden andererseits die Gefühle übergangen, kann es dazu kommen, dass die Hilferufe aus dem limbischen System nicht wahrgenommen werden. Das passiert häufig durch vorsätzliches unterdrücken der Gefühle, das anerzogen oder erlernt sein kann.

Das autonome Nervensystem besteht aus zwei Strängen, – dem Sympathikus und dem Parasympathikus, die ausgehend vom emotionalen Gehirn alle Körperregionen beeinflussen.

Der **Sympathikus** wirkt durch Adrenalin und Noradrenalin anregend, der Parasympathikus entspannt mit Hilfe von Acethylcholin.
Der Rückgang der Herzvariabilität, die durch Sympathikus und Parasympathikus gesteuert wird, kann eine Reihe gesundheitlicher Probleme mit sich bringen, wenn die Bremse nicht mehr funktioniert.
Negative Gefühle wie Zorn, Angst und Sorgen lösen starke Pulsschwankungen aus und können den Körper ins Chaos stürzen.

Positive Gefühle wie Dankbarkeit und Liebe fördern die Stabilität. Dankbarkeit löst auch positive Erinnerungen aus.

Das Gleichgewicht unserer Herzen, das organische und das seelische, geben den Takt unseres Lebens vor.

Der Kontakt zwischen dem emotionalen Gehirn und dem organischen Herz ist einer der Schlüssel zur emotionalen Intelligenz.
Mediziner nennen diese Verbindung Herz – Hirn – System.

Darm und Herz besitzen ein Netzwerk aus Neuronen. Das organische Herz wirkt wie ein halbautonomes Nervensystem und unterstützt auf direktem Weg die Hormonausschüttung von Adrenalin, wenn Kraft nötig ist, Noradrenalin, um den Blutdruck zu regulieren, und Oxytocin, das Liebeshormon.
Das Herz und das limbisches System arbeiten eng zusammen.

Nervenzellen, die mit dem Gefühl verknüpft sind, schütten auch Neurotransmitter aus, die das Immunsystem regulieren.
Stress unterdrückt durch Hormonausschüttung den Immunwiderstand.
Bei chronischer seelischer Unausgeglichenheit durch Depressionen, Angstzuständen, Stress, Aggressivität oder Pessimismus sinkt die körperliche Belastbarkeit mit ab.

Die Immunglobuline A (IgA) stellen die erste Verteidigungslinie des Organismus gegen Ansteckungen durch Viren, Bakterien, Pilze dar. An der Oberfläche der Schleimhäute von Nase, Hals, Bronchien, Darm und Vagina, wo ständig Infektionen drohen, werden IgA permanent neu gebildet. Bei Stress oder unangenehmen Erlebnissen etc., wird dieses Abwehrsystem für ca. 6 Stunden eingeschränkt und benötigt ebenso lange, um sich wieder zu stabilisieren.

Die Kohärenz zwischen Blutdruck, Herzrhythmus und Atmung bestimmen das Gleichgewicht des Körpers.

Wir können spürbar erleben, wie wir selbst Einfluss auf die physiologischen und psychologischen Vorgänge in unserem Körper nehmen.

Die Hirnsysteme

Betrachten wir die einzelnen Funktionsweisen der Gehirnanteile, erkennen wir, wie sehr alle miteinander kommunizieren müssen, damit aus einem Impuls eine Reaktion wird.

Das limbische System

Es sorgt für die Grundstimmung des Gemüts. Hier werden äußere Ereignisse durch innere Eindrücke emotional verfärbt.

Das limbische System markiert persönlich wichtige Ereignisse und speichert emotionale Erinnerungen.

Es fördert die Entwicklung von Bindungen, reguliert die Motivation und steuert den Appetit – und Schlafrhythmus.

Die Wahrnehmung über den Geruchssinn wird hier analysiert. Der Geruchssinn ist der einzige der fünf Sinne, der sofort im Gehirn verarbeitet wird.

Die anderen Empfindungen der Sinne, wie sehen, hören, schmecken und tasten werden über „Relaisestationen" vermittelt.

Das Gedächtnis und die Art zu lernen wird im limbischen System verfeinert.

Das limbische System ist mit allen anderen Hirnregionen direkt verbunden.

Dadurch wird der enorme Einfluss deutlich, der sich auf das gesamte Dasein ausweitet.

Probleme im limbischen System verstärken negatives Denken, negative Emotionen und negative Wahrnehmungen von Ereignissen. Es kann zu Stimmungsschwankungen, Reizbarkeit, Appetit – und Schlafstörungen, Depressionen, verringerte oder erhöhte sexuelle Ansprechbarkeit, geminderte Motivation und zu sozialer Isolation kommen.

Die Verbindungen zwischen dem präfrontalen Kortex und dem limbischen System wirken wie Navigationshilfen im Leben.

Die Basalganglien
Die Basalganglien sind an der Steuerung der motorischen Bewegungen beteiligt und kombinieren sie mit Gefühlen. Sie verstärken die Motivation und vermitteln Lust und Ekstase. Die Basalganglien legen das Niveau der Handlungen fest.

Probleme im System der Basalganglien können zu Nervosität und Pessimismus führen und Panikattacken und Angstgefühle auslösen. Es kann zu Zittern, Kopfschmerzen und zu Muskelverspannungen – und Schmerzen kommen.

Die Motivation wird entweder vermindert oder übersteigert. Konflikten wird ausgewichen. Liegt ein chronischer Defekt in den Basalganglien vor, kann dies zum Tourette – Syndrom führen.

Der präfrontale Cortex
Hier werden Impulsivität, Aufmerksamkeit und Ausdauer geregelt.
Der präfontale Cortex sorgt für Urteilsvermögen, Organisation und Impulskontrolle.
Kritisches, einschätzendes Denken und die Selbstüberwachung werden hier gesteuert.
Er unterstützt das Einfühlungsvermögen und die Fähigkeit zu fühlen und Gefühle auszudrücken.
Interaktionen mit dem limbischen System sind unumgänglich.

Probleme im präfrontalen Cortex führen zu Aufmerksamkeitsdefiziten, Ablenkbarkeit, aber auch zu Hyperaktivität und einer gestörten Impulskontrolle. Die Zeitplanung, um das Leben zu organisieren, geht verloren; – Aufgaben werden aufgeschoben, Termine versäumt.
Es kann zu schlechtem Urteilsvermögen, Gefühls-armut und fehlerhafter Wahrnehmung kommen und dadurch zu sozialen oder stressbedingten Anspannungen.
Das Kurzzeitgedächtnis kann gestört sein.

Das cinguläre System

Der Gyrus cinguli, die „Gürtelwindung" gehört zum limbischen Bereich. Das cinguläre System ist an der Entstehung und Verarbeitung von Gefühlen beteiligt. Es unterstützt die Empathie, emotionale Bindungen, Lern – und Gedächtnisprozesse, wie auch die Schmerzverarbeitung.

Es fokussiert die Aufmerksamkeit und reguliert den Affekt. Das cinguläre System lässt Optionen erkennen und fördert die geistige Beweglichkeit und kognitive Flexibilität zwischen mehreren Ideen. Anpassung – und Teamfähigkeit bilden sich hier aus.

Probleme mit dem cingulären System können dazu führen, dass Gedanken haften bleiben und es zu starkem Grübeln kommt. Alte psychische Wunden und Verhaltensweisen bleiben aktiv.

Es kann zu Streitsucht, Ablehnung, unkooperativen Verhalten und Aggressionen kommen.

Im schlimmsten Fall treten Süchte (Alkohol, Drogen, Essen) oder Depressionen auf.

Die Schläfenlappen

Die Funktionen der Schläfenlappen verteilen sich auf zwei Seiten. Sie befassen sich mit dem Gedächtnis und dem Gemüt.

Die <u>dominante Seite</u> befindet sich gewöhnlich <u>links</u>.
Sprachverständnis, visuelles und akustisches Verarbeiten und Lernen werden hier gesteuert. Das Langzeitgedächtnis und komplexe Erinnerungen befinden sich in diesem Schläfenlappen. Er sorgt für emotionale Stabilität.

Probleme mit dieser dominanten Seite führen zu Aggressionen, die nach Innen oder Außen gerichtet werden können.
Negative und sogar gewalttätige Gedanken sorgen für eine emotionale Instabilität. Das Lesen und Zuhören fällt schwer. Es kann zu leichter Paranoia kommen.

Die <u>nicht dominante Seite</u> befindet sich gewöhnlich <u>rechts</u>. Dieser Schläfenlappen sorgt dafür, dass Mimik, Gesten und Tonfälle entschlüsselt werden können. Rhythmus und Musik werden hier umgesetzt.
Visuelles lernen wird unterstützt.

Probleme mit der Nicht – dominanten Seite äußern sich in Schwierigkeiten Mimik, Gesten und Gesprochenes zu interpretieren und beeinträchtigen dadurch die sozialen Fähigkeiten.

Probleme mit beiden Schläfenlappen können
Gedächtnisstörungen und sogar Amnesie auslösen.
Angst oder Furcht können ohne erkennbaren
Grund auftreten. Phasen der Desorientiertheit oder
Verwirrtheit und abnorme Sinneswahrnehmung
und visuelle oder akustische Verzerrungen gehören
zu den Symptomen, wie auch Déja – vu oder
Jamais – vu Erlebnisse.

Amygdala

Im Gehirn befindet sich das Amygdala - Paar, ein
eigenes Zentrum im limbischen System.
Es liegt im vorderen Teil des Temporallappens und
wird wegen seinem Erscheinungsbild auch
„Mandelkern" genannt.
Die beiden Amygdala bestehen aus einem Kern,
einer Rinde und einer Übergangszone dazwischen.
Sie spielen bei der Entstehung und Verarbeitung
von Emotionen eine große Rolle.
Wird das Amygdala aktiviert, berührt dies das
komplette limbische System mit dem Auftrag, eine
Lösung zu finden.

Sensorische Signale, zum Beispiel von Auge und
Ohr, wandern zuerst zum Thalamus und von dort
zu den Amygdala, erst danach treffen sie im
Neokortex, dem denkenden Hirnteil ein.
Die Mandelkerne können schon Handlungen

formulieren, bevor der Neokortex beginnt, die Informationen zu verarbeiten.

Die Mandelkerne speichern die Emotionen von Erinnerungen und stellen über Assoziationen Verbindungen her. Das kann auch zu verwirrenden Momenten führen, wenn zum Beispiel eine flüchtige, ungefährliche Beobachtung durch Erinnerung an eine beängstigende Situation einen Schreckmoment auslöst.
Wenn die Stresshormone Adrenalin und Noradrenalin ihre Produktion wieder mindern, bleibt nur noch das in Erinnerung, was vorrangig prägend war.

Die Amygdala steuern nicht nur die Zuneigung, sondern alle Empfindungen, die bei uns eintreffen. Auch Tränen werden durch die Mandelkerne ausgelöst (gemeinsam mit dem Gyrus cinguli). Durch Trost und Körperkontakt beruhigen sich die Hirnregionen und das Weinen wird gemindert.

Die Amygdala agieren wie psychologische Wachposten, die spontan die aktuelle Situation überprüfen und die Interpretation an andere Hirnregionen weiterleiten.
Die Mandelkerne geben Gefühlen ihren Sinn.

Der Hippocampus registriert und deutet Wahrnehmungsmuster, speichert Details und Tatsachen.
Er merkt sich nüchterne Fakten, wogegen sich die Mandelkerne an den emotionalen Beigeschmack der Situation erinnern.
Der Neokortex dämpft die Reaktionen der Amygdala zeitverzögert.
Die Präfrontallappen wirken wie emotionale Manager. Die Schaltung zwischen präfrontalen Kortex und den Mandelkernen formen Neigungen und Abneigungen. Das ist die Schnittstelle zwischen Tatsachen und Emotionen.

Befindet sich eine Person in einer Angst auslösenden Situation, erhöht das Amygdala den Herzschlag, die Atemfrequenz und die Schweiß-bildung.
Gemeinsam mit dem Hypothalamus bewirken die Amygdala in Angst besetzten Situationen eine erhöhte Ausschüttung von Adrenalin und der komplette Organismus wird in Alarmbereitschaft gesetzt.

Zu viel Aktivität in den Mandelkernen kann dazu führen, dass kein Gedanke mehr erfasst werden kann.

Dies kann zu negativen Ausbrüchen (Kurzschluss-handlungen) oder überspitzt positiven Reaktionen wie Lach – und Freudeanfällen ausarten.

Auch Autismus, Narkolepsie, posttraumatische Belastungsstörungen, Gedächtnisstörungen oder Depressionen können ihren physischen Ursprung im mangelhaft funktionstüchtigen Amygdala haben.

Autistische Kinder besitzen wahrscheinlich bereits im zweiten Lebensjahr vergrößerte Amygdala.

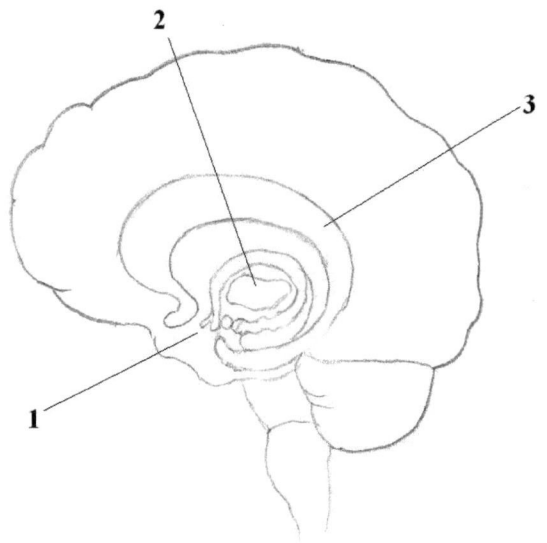

1 => Amygdala

2 => Thalamus

3 => Gyrus

Vitamine und Mineralstoffe

Die Zellen aller Organe erneuern sich ständig und ernähren sich durch das, was wir essen.

Mindestens einen Liter Wasser pro Tag zu trinken spült den Organismus aus.

Das Gehirn besteht zu 2/3 aus Fettsäuren, die Grundbausteine der Membran von Nervenzellen.

Mehrfach ungesättigte Fettsäuren und Omega 3 Fettsäuren, wie sie zum Beispiel im Fisch vorkommen, sind wichtig für die Kommunikation des Organismus und steigern die Produktion von Neurotransmitter im limbischen System.
Omega 3 Fettsäuren sind wichtig für das seelische Gleichgewicht und lindern u. a. Depressionen.

Vitamine, Mineralstoffe und Spurenelemente sind organische Verbindungen, die für Körper, Geist und Seele lebensnotwendig sind.

Wichtige Vitamine

Vitamin A / Retinol bildet einen Schutzfaktor für Haut und Schleimhäute und ist ein unverzichtbarer Bestandteil für den Sehvorgang. Es beeinflusst das Zellwachstum.

Vitamin B 1 / Thiamin wird für den Abbau der Kohlenhydrate und den Zellstoffwechsel benötigt. Es ist unerlässlich, um Nervenreize weiterzuleiten und auszubilden. Deshalb kommt es bei Mangel zu Neuralgien, Kopfschmerzen, Gedächtnisschwäche und Gelenkschmerzen.

Vitamin B 6 / Pyridoxin fördert die Eisenaufnahme, um Kalzium und Phosphor verwerten zu können und den Zellstoffwechsel der Aminosäuren.
Fehlt B 6 im Körper können Kalzium und Phosphor nicht richtig verwertet werden und die Eisenaufnahme wird beeinträchtigt.
Bei Mangel entstehen Schäden an der Haut und den Schleimhäuten, es kann zu Nervenschäden, Stoffwechselstörungen und Leberschäden kommen.

Vitamin B 12 / Cobalamin bildet und regeneriert rote Blutkörperchen und hilft beim Aufbau von RNS (Ribonukleinsäure).
Es fördert den Appetit und ist wichtig für die Nervenfunktionen.
Vitamin B12 befindet sich nur in tierischen Produkten.

Vitamin C / Ascorbinsäure unterstützt die Immunfunktion, den Aufbau von Bindegewebe und wirkt auf den Eisen – und Folsäure-stoffwechsel ein.
Ein Mangel zeichnet sich aus durch Blutungen und Veränderung der Knochen und Zahnsubstanz.

Vitamin D / Calciferol gelangt durch die Nahrung nur als Vorstufe, sogenanntes Provitamin, in den Körper, und wird in der Haut gelagert. Es benötigt UV – Strahlen um aktiviert zu werden. Deshalb ist es wichtig, dass sich jeder Mensch mindestens 30 Minuten pro Tag im Freien aufhält.

Vitamin E / Tocopherol verhindert die Zerstörung der Zellwände, schützt gegen Muskelschwund und Leberschäden. Es kann auch zu Menstruations-Störungen und klimakterischen Beschwerden kommen, wenn zu wenig Vitamin E zur Verfügung steht.

Vitamin H / Biotin hilft bei der Umwandlung ungesättigter Fettsäuren und dem Zellstoffwechsel. Appetitlosigkeit, Müdigkeit, Muskelschwäche und Veränderungen der Haut und Schleimhäute begleiten einen Mangel an Biotin.

Vitamin K / Phyllochinon wird zum großen Teil von Darmbakterien aufgebaut.

Nur unter Mithilfe von Vitamin K ist es der Leber möglich, fermentartige Eiweißzusammensetzungen zu bilden, die für die Blutgerinnung nötig sind.

Mineralstoffe

Natrium und **Chlorid** helfen bei der Regulierung der Gewebespannung und dem Wasserhaushalt und sind wichtig für Muskeln und Nerven.
Chlorid wird auch für die Magensäure benötigt.

Calcium wird für den Knochenaufbau und die Zähne benötigt. Es unterstützt die Zellwanddurchlässigkeit, die Herztätigkeit und die Blutgerinnung.

Kalium unterstützt die Gewebespannung und Tätigkeiten von Muskeln und Nerven.

Magnesium ist ein Bestandteil von Enzymen und wichtig für Muskeln und Nerven. Bei Muskel-krämpfen und psychischer Unausgeglichenheit ist Magnesium ein guter Nothelfer.

Phosphat wird beim Aufbau von Knochen und Zähnen benötigt. Es ist ein Bestandteil des Zellkerns und der Energie – Enzyme.

Der Emotionale Quotient

Der EQ (Emotionsquotient) wird anhand verschiedener Faktoren eingestuft.

Den eigenen Gefühlszustand und den der Mitmenschen zu erkennen und die Reaktionen von Gefühlen zu verstehen, und mit den eigenen und den Gefühlen der anderen neutral umgehen zu können, gehört zu diesen Grundfaktoren.
Über Gefühle nachdenken und sie beurteilen zu können, stellt die Basis des EQ dar.
Diese Fähigkeiten bilden die Grundlage für Selbstbeherrschung und gesellschaftlichen Umgang.

Emotionale Intelligenz besteht aus Bewusstseinsstufen, die durch Aufmerksamkeit und Konzentration trainiert werden können.

Im Gegensatz zum IQ kann sich der EQ das ganze Leben lang weiterentwickeln.

Wissenschaftlich wird die emotionale Intelligenz in fünf Sparten gegliedert.
Drei beziehen sich dabei auf das Individuum, die anderen beiden auf das Umfeld.

Selbstbewusstsein

Die Selbstwahrnehmung der eigenen Gefühle hilft, zielstrebig und objektiv aufzutreten.

Sich selbst mit Stärken und Schwächen zu akzeptieren, Stolz zu entwickeln und trotzdem über sich lachen zu können, sind die Eckpfeiler des Selbstbewusstseins.

Das setzt die Bereitschaft voraus, die eigenen Emotionen und Gefühle zu beobachten und sich nicht in ihnen zu verlieren.

Diese Erkenntnisse tragen zur Formung der Seele bei.

Durch diese Selbstwahrnehmung überschreiten nicht alle Gefühle ungewollte Schwellen, auch schlechte Stimmung kann vorher abgeschüttelt werden.

Die Einsicht, bestimmte Muster im eigenen Gefühlsleben und die daraus folgenden Reaktionen zu erkennen, führt dazu, dieses Verhalten auch bei anderen Menschen zuordnen zu können.

Emotionales Wahrnehmungsvermögen führt zu Menschenkenntnis und zu interpersonaler Intelligenz.

Die eigenen Gefühle zu registrieren und zu reflektieren stärkt die Wahrnehmung für sich und andere. So lassen sich die Muster der eigenen Gefühlsschwankungen, Frühwarnsysteme oder Wutreaktionen erkennen.

Selbstreflektierendes Wahrnehmen erforscht und beobachtet die eigenen Emotionen, beurteilt sie aber nicht.

Dies führt dazu, dass wir in uns selbst eintauchen, anstatt uns zu verlieren und gegen unsere Natur zu reagieren.

Wir können lernen, die eigenen emotionalen Grenzen kennenzulernen und sie bewusst wahrzunehmen.

Ungewollte Stimmungen können vermieden werden. Wut und Zorn lassen sich abschütteln, wenn Situationen positive Bedeutungen gegeben werden können.

Selbststeuerung

Mit Angemessenheit auf die eigenen Gefühle zu reagieren, schützt vor Überreaktionen.

Die Fähigkeit, Gefühle so einzusetzen, dass innere Balance entsteht, veranschaulicht Selbststeuerung.

Emotionale Selbstbeherrschung zeigt sich darin, einem bevorzugten Impuls widerstehen zu können (zum Beispiel Lust auf Süßes, es aber nicht essen).

Wenn das Blut vor Angst oder Wut schon zirkuliert, ist der Wille noch wach genug, um zur Beruhigung oder zum Kampf aufzurufen.

Atemübungen und Muskelentspannungen können in jeder Situation angewendet werden, um den Druck im Organismus zu drosseln.

Achtsamkeit lässt Gefühle nicht nur spüren, sondern rational registrieren. Durch Wachsamkeit und wertfreie Sicht auf die Situation verhilft Achtsamkeit aus der Theorie in die Praxis und zu zielgerichtetem Handeln. Achtsamkeit bringt uns in eine neutrale Position, in der wir unsere Gedanken und Gefühle wahrnehmen und sortieren können.

Anstatt mechanisch – routiniert zu agieren führt Achtsamkeit dazu, dass wir emotional wach und konzentriert reagieren.

Sie richtet die Aufmerksamkeit auf den aktuellen Moment, denn letztendlich besteht das Leben aus unzähligen Augenblicken des Jetzt!

Selbstmotivation

Positive Gefühle zu mobilisieren unterstützt Begeisterung und Leidenschaft.

Der Schlüssel zur Selbsterkenntnis findet sich darin, Zugang zu den eigenen Gefühlen und Talenten zu erlangen und sich von ihnen leiten zu lassen.

Die euphorischen Momente bei Lieblingsbeschäftigungen nennen sich „Flow". Gefühle können umgesetzt und im „Flow" kreativ und produktiv entfaltet werden. Die Emotionen sind dabei voller positiver Spannung und Ekstase auf die Aufgabe fixiert.

Das Wirken wird mit spontaner Freude durchtränkt und der Mensch verschmilzt mit seiner Aufgabe, bis Raum und Zeit zur Nebensache werden und er sich sogar selbst vergessen kann. Flow lässt keinen Raum für Grübeleien, Sorgen oder den Lohn der Arbeit.
Hierbei werden alle Emotionen auf ein positives Ziel gelenkt.
Zuversicht führt dazu, dass man sich hohe Ziele setzt und darauf zu arbeitet.

Optimisten führen Niederlagen auf Sachlagen zurück, die sich ändern lassen, um mehr Erfolg erreichen zu können. Sie sehen Situationen als unpassend an und schauen nach besseren Möglichkeiten der Verwirklichung.
Pessimisten fühlen sich selbst schuldig an der Niederlage und verleugnen positive Entwicklungs-möglichkeiten.

Hoffnung und Optimismus können zu Hochleistungen anspornen, bei denen der Mensch seine eigenen Ziele übertrifft.

Optimismus und Hoffnung lassen sich ebenso erlernen wie Hilflosigkeit und Verzweiflung.

Empathie

Das Wort Empathie leitet sich von dem griechischen Ausdruck „Empatheia" ab, der mit „Einfühlung" übersetzt werden kann.
Gedanken und Gefühle anderer Menschen wahrzunehmen stärkt die eigene Sensibilität.
Schon im frühen Kleinkindalter trösten und umsorgen sich die Menschen gegenseitig, ohne dazu angeleitet zu werden. Sobald Kinder beginnen Selbstkontrolle zu entwickeln, üben sie sich in Trost, Besänftigung oder Ablenkung, wenn andere in Not sind, oder sie suchen nach Hilfe.

Die Basis der Empathie ist die Selbstwahrnehmung, denn je offener wir unsere Gefühle wahrnehmen, desto besser können wir die Gefühle der anderen deuten.
Mitgefühl setzt Ausgeglichenheit und Wachheit voraus, damit das emotionale Gehirn die Signale anderer Menschen umsetzen und wahrnehmen kann.
Empathie ist die Basis zur Anteilnahme am Leben anderer. Je mehr Mitgefühl für andere Menschen vorhanden ist, desto leichter setzt man sich für Mitmenschen ein.

Uneigennütziges, selbstloses Wirken nennt man Altruismus.

Wer soziale Fähigkeiten besitzt, kann Menschen mobilisieren, inspirieren und Freundschaften und Beziehungen pflegen.
Gefühle verbinden uns mit der Umwelt.
Emotionen führen zu Handlungen.
Ohne Empathie kann sich kein Selbstbewusstsein entwickeln und die Rolle im Leben bleibt unklar.

Soziale Kompetenz
Liebe ist ein biologisches Bedürfnis.
Neugeborene bauen ohne körperlichen Kontakt massiv ab und sterben sogar. Sie benötigen die körperliche Zuwendung, um sich entwickeln zu können.
Emotionen vermitteln, dass wir involviert sind.

Gefühle entstehen plötzlich und halten nur eine kurze Dauer an, während die daraus entstehende Stimmung als gedämpfte Emotion nachwirkt und das allgemeine Dasein einfärbt.
Stimmungen können sich zu einem persönlichen Temperament entwickeln und unser Leben prägen.

Wenn wir unseren Gefühlen vertrauen können, helfen sie uns beim organisieren unserer Entwicklung.

Zwischenmenschliche Kommunikation und Interaktion ist ein wesentlicher Aspekt, um Anerkennung und Liebe zu vermitteln und erhalten zu können.

Diese soziale Kompetenz lässt sich trainieren, was sich vor allem bei ängstlichen und unsicheren Menschen bewährt.

Positiv und aufmerksam auf andere Personen zu reagieren, unterstützt das Miteinander.
Gute zwischenmenschliche Beziehungen besitzen eine besondere Heilkraft und helfen das emotionale Gleichgewicht zu regulieren und zu gestalten.

Körperkontakt mit geliebten Menschen, kuscheln und streicheln, stärken das Immunsystem und die Seele.
Liebe, Zärtlichkeit und Sexualität sind mit dem Parasympathikus verbunden, der Entspannung, Gelassenheit und Harmonieempfinden auslöst.

Emotionale Übereinstimmung zeigt sich daran, wie sehr sich die Bewegungen beim Zusammensein aufeinander einlassen, im Ausdruck anpassen, sich ähneln oder sogar gleichen. Diese Synchronizität erleichtert Senden und Empfangen von Stimmungen; – man ist offen füreinander.

Ob sich eine Ehe zu einem (lebens –) langen „Wir"
formt oder jeder Partner seinen Teil der Ehe lebt,
hängt davon ab, wie gleichmäßig der emotionale
Quotient auf beiden Seiten entwickelt ist.

Liebe zeigt sich in vielen Formen und kann im
Übermaß auch zu negativem Verhalten führen.
Die Angst vor der Einsamkeit, Bindungslosigkeit
und Verlust der Unterstützung hält auch kritische
Partnerschaften zusammen, wenn Zuneigung und
Liebe verloren gegangen sind.

Zuneigung kann aus unterschiedlichen Gründen
entstehen.
Charaktereigenschaften können anziehend wirken
und natürlich auch die körperlich – erotische
Ausstrahlung. Freundschaftliche Übereinstimmung, oft als Seelenverwandtschaft definiert,
führt zur platonischen Liebe.

Soziale Kompetenz zeichnet sich dadurch aus,
Gefühle zu äußern und Stimmungen einfangen und
verbreiten zu können. Dadurch entsteht ein
emotionaler Austausch mit anderen. Gefühle
steuern und einschätzen zu können ist hinsichtlich
gesellschaftlicher Normen wichtig.
Bei jeder Begegnung senden wir emotionale
Signale aus. Gefühle sind wie soziale Viren, die
sich verbreiten können.

Wer Gruppen ansprechen oder organisieren will, muss Emotionen aussenden, die andere Menschen in seine Stimmung ziehen, – zum Beispiel durch die richtige Wortwahl. Hierbei ist es wichtig, die Identitäten zu erfühlen, sie einschätzen und sich mit ihnen verbinden zu können.

Soziale Kompetenz zeichnet sich dadurch aus, Lösungen aushandeln, Unruhen schlichten und Toleranz vermehren zu können.

Eine gut ausgebildete soziale Kompetenz strahlt Charisma und Charme aus und öffnet Türen für sich und andere. Mit emotionaler Brillanz werden wütende Menschen besänftigt, Konflikte gelöst und negative Stimmungen durch aktives Eingreifen in friedliche, harmonische, liebevolle Momente umgewandelt.

Eskalationen

Sorgen

Sorgen führen zu Angst, weil sich der Geist mit dem Thema beschäftigt und andere Möglichkeiten ignoriert.
Wenn die Sorgen anhalten, bleibt kein Platz für Lösungsmöglichkeiten.
Negative Gedanken vermehren sich selbst, wenn ihnen nicht Einhalt geboten wird, versperren die Sicht auf Lösungsmöglichkeiten und machen vernünftige Überlegungen unmöglich.
Unkontrollierte Emotionen verhindern geistige Leistungen und untergraben den Verstand.

Achtsamkeit hilft, die Notwendigkeit der negativen Gedanken zu überprüfen und den Sinn der Sorgen zu analysieren und zu definieren. Eine kritische Haltung bremst den Kummer aus. Sorgen führen zu hilflosen Selbstgesprächen und lösen Grübeleien aus. Diese Muster können beeinflusst und in produktives Denken verwandelt werden. Sorgen lassen sich durch Verlagerung der Aufmerksamkeit mindern. Neue Informationen über eine Angelegenheit führen zu mehr Sicherheit.
Eine klare Perspektive lenkt von sorgenvollen Gedanken ab.

Hierbei hilft …

* Selbstlob
* Auf (das eigene) Glück achten
* Positive Erinnerungen wachrütteln
* Dankbar sein
* Auf Positives konzentrieren
* Positive Bücher lesen
* Amüsante Filme schauen
* Lachen und Lächeln, 60 Sekunden lang grinsen
* Erfolgserlebnisse suchen
* Sich selbst anspornen und motivieren

Angst

Angst dient der eigenen Sicherheit, ist ein
Warnimpuls vor Gefahren und Bedrohungen
und schützt vor unbedachten Schritten.
Ängste sind Überlebenswichtig!
Ein grundsätzliches Angstniveau ist also immer
vorhanden.

In akuten Angstsituationen fließt das Blut zu den
großen Körpermuskeln, dadurch kann man
schneller laufen, also fliehen. Aus dem Gesicht
weicht das Blut in diesen Momenten und löst
Blässe aus. Dieser Blutfluss wird durch unsere
Gefühle ausgelöst.
Deshalb kann Angst auch ad hoc zu Bewusstseins
– und Identitätsveränderungen führen.

Es existieren unglaublich viele Formen von Angst.

Hingabe kann als Verlust der Individualität und als Unfreiheit erlebt werden.
Ungebundenheit, Distanz und Isolation mögen Zweifel an der Selbstverwirklichung aufzeigen. Angst vor der persönlichen Veränderung geht mit Unsicherheiten einher, und Scheu vor Notwendigkeiten kann als Abhängigkeit erlebt werden.

Angst, Furcht und Hilflosigkeit nehmen je nach Persönlichkeitsstruktur unterschiedliche Formen an. Ihre Herkunft hat verschiedene Ursachen. Das soziale Umfeld, die Familienstruktur, der Verlauf der Schul – und Ausbildungszeit, die komplette Vergangenheit eines Menschen nimmt Einfluss auf seine persönliche Entwicklung.

Manche Ängste werden trainiert. So kämpfen vor allem Frauen immer noch gegen erlernte Hilflosigkeit und anerzogene Unselbstständigkeit. Wenn ein Junge mit Puppen spielen möchte, zeigt das seinen Sinn für Kreativität, Empathie und Sozialempfinden; – vom Umfeld wird er verlacht, nicht ernst genommen und oft sogar als Kind schon in die homosexuelle Schublade verfrachtet. Möchte sich ein Mädchen mit technischen Spielsachen beschäftigen, zeigt das Sinn für Naturwissenschaften, Geschick, mathematisches

Verständnis und Erfindergeist; – auch es wird vom Umfeld verhöhnt.

Diese uralten verkappten Rollenklischees sorgen für erlernte Hilflosigkeit und führen häufig zu Unsicherheit und Angst. Die eigenen Vorlieben, Talente, Geschick und Formen von Intelligenz werden in Frage gestellt.

Die Diskrepanz zwischen der eigenen Selbsteinschätzung und der Reaktion aus dem Umfeld kann langfristig Unsicherheit und Angst erzeugen. Erlernte Hilflosigkeit kann zu Mangel an der Selbsteinschätzung, an der Wahrnehmungsfähigkeit und dem Urteilsvermögen führen und dadurch dauerhaft emotionale Defizite nach sich ziehen.

Die eigenen Talente, Vorlieben und Fähigkeiten fallen der Hilflosigkeit zum Opfer.

Ein gespaltenes Selbstbild führt dazu, dass man abhängig vom Zuspruch und der Anerkennung aus dem Umfeld wird und sich leiten lässt, anstatt Eigeninitiative zu ergreifen. Hilflosigkeit leitet dazu an, Situationen zu vermeiden und sich selbst zu verleugnen.

Ängstliche Menschen gehen unbeholfen mit den eigenen Gefühlen um und wirken deshalb auch hilflos im Umgang mit anderen Menschen.

Sie können Gefühle nicht fließen lassen.
Handeln ist das beste Gegengift gegen
Unsicherheit und Angst. Jeder noch so kleine
Schritt, der mit Liebe und Leidenschaft ausgeführt
wird, kann das Leben grundlegend verändern.
Mut und Vertrauen mildern Ängste. Gefühle leben
durch Bewegungen und Veränderungen auf.
Die Konzentration auf das eigene Verhalten führt
zur Selbsterkenntnis.

Hilflosigkeit entsteht, wenn man den Eindruck hat,
Situationen nicht beeinflussen zu können, Angst ist
die emotionale Antwort darauf.
Angst schwächt die Immunabwehr, das kardio-
vaskuläre System und reizt das Nervensystem.
Angst – und Panikerkrankungen stehen in
Zusammenhang mit den Amygdala.

Eine Phobie ist eine ungerechtfertigte Angst vor
Objekten oder bestimmten Merkmalen einer
Situation.
Spezifische Phobien beziehen sich vor allem auf
bestimmte Objekte, wie zum Beispiel Spinnen.
Soziale Phobien beinhalten unangemessene Ängste
und Unsicherheiten, die mit gesellschaftlichen
Kontakten verbunden sind.
Agoraphobie nennt sich die Angst vor Menschen-
mengen und öffentlichen Plätzen.

Eine Agoraphobie steht häufig in Verbindung mit einer Panikstörung.

Klaustrophobie weist Beklemmungen in engen Räumen auf und begleitet ebenfalls oft Panikattacken.

Panikstörungen / Panikattacken zeichnen sich durch spontan auftretende, wiederkehrende, starke Angstanfälle aus, die von körperlichen Symptomen, wie Herzrasen, Schwitzen, Hyperventilieren, Schwindel etc. begleitet werden. Bei Panikattacken ist der Auslöser der Reaktion, der sogenannte Trigger, in der Regel nicht bewusst und steht in Verbindung mit einem traumatischen Erlebnis oder dem Verlust von Bezugspersonen oder wichtigen sozialen Kontakten.

Ungefähr jeder 20. Mensch hat schon Angst – oder Panikattacken erlebt, ca. 3 % leiden langfristig an wiederkehrenden Panikanfällen.

Zorn und Wut

Wut entsteht nicht aus einer Situation heraus, sondern hängt von der persönlichen Art der Interpretation ab.

Auslöser für Zorn sind körperliche oder symbolische Bedrohungen, die Selbstachtung und Würde in Frage stellen.

Stress in jeder Form ruft eine anhaltende adreno-kortikale Erregung hervor, wodurch die Schwelle zur Wut sinkt. Das emotionale Gehirn erhitzt sich. Blut strömt in diesen Momenten zu den Händen, das erleichtert, den Feind zu schlagen oder eine Waffe zu ergreifen. Auch der Puls steigt an. Das Adrenalin löst einen Energieschub aus.

Wenn das emotionale Gehirn eine starke negative Reaktion auslöst, wie Zorn und Wut, ist Empathie nur begrenzt möglich.

So wie sich Sorgen durch sich selbst vermehren, nährt sich auch der Zorn selber, wenn er nicht ausgebremst wird. Gedanken halten Gefühle am leben, – an einen Zornausbruch zu denken hält die Wut aktiv.
Die Alternative zur Wut ist die Geduld.
Am schnellsten regeneriert sich ein aufgebrachter Mensch, wenn er einen Raum aufsucht, der Wohlgefühl auslöst, wie zum Beispiel in der Natur oder durch vergnüglicher Zerstreuung.
In Momenten von Unbeherrschtheit ist es sinnvoll, räumlichen Abstand zu suchen und Atemtechniken zur Beruhigung anzuwenden, um neue Ideen zum Umgang mit der kritischen Situation empfangen zu können.

Therapeutisch ist es wirksam, Auslöser für Wut und Zorn aufzuschreiben, sie in Frage zu stellen und zu analysieren.

Bei anhaltenden, chronischen Wutausbrüchen hat es sich bewährt, wenn die Person zwei Wochen lang alle Tätigkeiten mit der nicht dominanten Hand ausführt. Auf diesem Wege wird das limbische System sensibilisiert und stärkt die Selbstbeherrschung und die Kohärenz im Organismus.

Den Emotionalen Quotienten trainieren

Das persönliche Wesen beeinflusst den gesamten Lebensweg. Den EQ wahrzunehmen und ihn zu entwickeln führt automatisch in ein zufriedenes Leben, weil wir dadurch selbstsicherer und stabiler werden.
Selbstliebe zeigt Respekt für sich und das Leben.

Unerwünschtes Verhalten und Denken kann durch Alternativen ersetzt werden, – und das lässt sich trainieren. Der Seele stehen viele Möglichkeiten der Selbstheilung zur Verfügung und das psychische Barometer können wir beeinflussen. Oft lässt sich Wohlgefühl durch minimale Änderungen im Alltag auslösen und verstärken.

Tipps für das limbische System
Ziel: Kohärenztraining
* Die Aufmerksamkeit nach Innen lenken und bewusst tief ein – und ausatmen regt den Parasympathikus an.
* Die Empfindungen beim atmen wahrnehmen und sich auf das Herz konzentrieren.
* Dankbarkeit bewusst machen, – danken löst positive Erinnerungen aus.
* Meditation

Tipps für die Basalganglien
Ziel: Angst überwinden
* Negative Gedanken wahrnehmen und vertreiben
oder ersetzen.
* Notizen, Listen
* Entspannungsübungen
* Zwerchfellatmung
* Meditation
* Visualisierung

Tipps für den präfrontaler Cortex
Ziel: bessere Konzentration, Impulskontrolle
* Den Fokus auf das legen, was man mag, und es
beibehalten
* Ziele und Anregungen suchen
* Organisieren lernen und Zeitpläne erstellen
* Audiovisuelle Stimulation, Musik von Mozart
* Konflikte vermeiden oder auflösen

Tipps für das cinguläre System
Ziel: Grübeln vermeiden, inneren Druck auflösen
* Von Blockaden ablenken (spazieren gehen,
singen, meditieren, beten usw.).
* Antworten und Gesprächsverläufe vorher
überlegen
* Optionen und Schwierigkeiten schriftlich
fixieren

* Pausen gönnen
* Körperliche Bewegung

Tipps für die Schläfenlappen
Ziel: emotionale Stabilität, Sensibilität
* Schöne Erfahrungen sammeln
* Singen und summen
* Klassische Musik hören
* Musikinstrumente spielen
* Im Rhythmus bewegen, tanzen
* Viel Schlaf
* Kein Koffein, kein Nikotin

Trainingstipps

Autogenes Training

Die Programme für autogenes Training wurden von dem Berliner Psychologen Johannes Heinrich Schultz in den 1930er Jahren entwickelt. Das autogene Training entstand aus Beobachtungen, die Schultz im Rahmen seiner Hypnoseforschung machte. Er nannte das Verfahren „konzentrative Selbstentspannung".

Die Entspannung der Muskeln und Gefäße wirkt sedierend auf den kompletten Organismus. So entsteht aus der Peripherie heraus zunehmend eine physiologische und geistige Entspannung.

Ein kompetenter Ansprechpartner zum Einstieg ist ratsam.

Denkmuster

Der Gemütszustand wird weitgehend durch Gedanken geprägt. Jeden Tag schwirren ungefähr 60.000 Gedanken durch unser Gemüt.

Jeder Gedanke schickt Signale durch den Körper und nimmt Einfluss auf jede Zelle. Diese Reaktionen im Körper kann man beobachten, fröhliche Gedanken machen sich anders bemerkbar, als zornige.

Negative Gedanken sind wie Schmutz für Körper, Geist und Gefühle.

Wiederkehrende negative Denkmuster sind wie schlechte Angewohnheiten, die durchbrochen werden können.

Gedanken wirken sich auf das Verhalten aus und dadurch auch auf den Umgang mit anderen Menschen.

Aufmerksam die Auswirkungen und Einflüsse von Gedanken wahrzunehmen und sie kritisch zu prüfen, ist der erste Schritt, um Denkmuster zu durchbrechen. Gedanken lassen sich beeinflussen und laufen nicht mechanisch ab.

Unangenehme Gedanken werden meistens noch zusätzlich mit negativen Assoziationen gefüttert, wodurch sie sich vermehren und den eigentlichen Grund viel dramatischer erscheinen lassen, als er tatsächlich ist. Gedanken können lügen, und Gefühle können zusätzlich für Verwirrung sorgen.

Negative Gedanken positiv zu beeinflussen, nimmt den schlechten Gedanken ihre Macht.

Wenn die Gedanken mit der Realität konfrontiert werden, verschwinden falsche Spekulationen.

Nicht nach Schuldigen suchen, sondern nach Lösungen, verhilft zur Entspannung.

Die Entstörung beginnt damit, die negativen Gedanken zu analysieren, um sie mit Gegenbeispielen zu konfrontieren und mit positiven Gedanken zu fördern.

Wer andere verletzt, fügt sich auch selbst
Schmerzen zu.

In der Psychotherapie werden automatische
trübsinnige Gedanken „Automatic Negative
Thoughts" genannt, oder kurz: „ANTs"
(„Ameisen").

Die bekanntesten ANT - Denkmuster sind:
* Immer / nie wieder Denken (schwarz/weiß)
* Ausrichten auf das Negative
* Prophezeiungen (schlechtes Omen …)
* Gedankenlesen (Unterstellungen)
* Schlechtes Gewissen
* Schubladendenken
* Neutrales persönlich nehmen
* Schuldzuweisungen

Positiv wirkende Alternativen:
* Objektiv und neutral betrachten
* Positive Aspekte suchen
* Gutes erwarten
* Personen direkt auf Probleme ansprechen
* Bewertungen vermeiden
* Empathisch auf andere zugehen
* Die eigenen Gefühle wahrnehmen
* Lösungen suchen

Emotionale Kommunikation

Wenn man sich ungeliebt von Nahestehenden fühlt, belastet das körperlich und seelisch mehr, als alles andere. Deshalb ist es wichtig, dass wir behutsam, verständnisvoll und ehrlich miteinander umgehen.

Gesundes, faires, sachliches Streiten fördert den Zusammenhalt und das Selbstbewusstsein, zeigt Achtung und aufrichtiges Interesse, wogegen hitziger, verletzender, stressiger Streit bei allen Beteiligten die Seele angreift.

Auch affektiver Rückzug vermittelt Respektlosigkeit und schürt den Konflikt und die Emotionen auf beiden Seiten.

Geschickte, anregende Kritik gehört zu den nützlichen Dingen im Leben, – Beschwerden können bei objektiver Betrachtung hilfreiche Tipps beinhalten.

Trotz dem Trend, Probleme heute per Mail oder SMS anzusprechen, ist jeder persönliche Austausch, bei dem man sich Auge in Auge gegenübersteht, der sinnvollere und meistens kürzere Weg zum gemeinsamen Ziel. Der Blickkontakt alleine kann Achtung signalisieren, Verständnis und sogar Liebe.

Kommunikation bietet sich an, um die Gefühle des Gegenübers und die eigenen zu hinterfragen und sie direkt anzusprechen.

Den tiefsten Schmerz ansprechen zu können zeugt von großem Vertrauen.
Aufmerksamkeit, Empathie und Verständnis vermitteln positive Stimmungen.

Einige Stützen für emotionale Kommunikation:
* Nicht fordern, sondern bitten
* Spannungen und negative Stimmungen abbauen
* Quelle und Gegebenheiten des Problems direkt ansprechen
* Freundlich aufeinander zugehen, friedliches Miteinander
* Beim zuhören auf die Gefühle hinter den Worten achten
* Auch bei Enttäuschung selbstsicher und gelassen bleiben
* Emotionen bei sich und anderen wahrnehmen und das Empfinden der anderen erfragen
* Positiv sprechen, loben
* Kompromisse, Anregungen und Lösungen suchen und auf sie eingehen
* Entschuldigen und vergeben
* Danken und loben, wann immer sich eine Möglichkeit bietet
* Zuspruch äußern, Verständnis vermitteln, empathische Rückmeldungen geben
* Toleranz fördern, Vorurteile abbauen

* Das Wort „man" aus dem Wortschatz streichen und mit „ich", „du", „wir" oder „Sie" ersetzen, Verallgemeinerungen vermeiden
* Mit dem Herzen zuhören, durch Gesten die Aufmerksamkeit unterstützen (z. B. nicken) und Blickkontakt halten

Hier und Jetzt
Mehrmals täglich für zwei Atemzüge innehalten und sich auf den Moment zu konzentrieren, baut automatisch Achtsamkeit und Selbstgefühl auf und wirkt ausgleichend auf Körper, Geist und Seele. Diese Übung lässt sich an jedem Ort und zu jeder Zeit beliebig oft wiederholen.

Humor
Lachen verbessert die Atmung und reguliert den Kreislauf.
In Stresssituationen nimmt Fröhlichkeit und Humor die Anspannung und mildert die Konfrontation.
Wer über sich selbst lachen kann, zeigt Stärke und Selbstbewusstsein.
Lachen ist ein Danke ohne Worte.

Imagination

Alleine die Vorstellung, ein Ziel erreichen zu können, stellt Weichen im Leben, weil sich die Person selbst aufmerksamer darauf ausrichtet.

In unserer Vorstellung sind wir frei und können sogar die Zeit selbst bestimmen.

Stelle dir die Traumkulisse deines Lebens vor und platziere deine Lieblingsmenschen und Wünsche darin, konzentriere dich auf den Moment und du bist jetzt dort!

Intuition

Jeder erlebt „Zufälle", die sogar das ganze Leben beeinflussen können.

Intuition erfordert weder Logik, noch Überlegungen. Sie ist die kreative Form unserer Gefühle. In der Psychologie gilt Intuition als emotionales Phänomen und wird oft als Resultat unbewusster Gefühle interpretiert.

Wenn sich Urgefühle regen, folgen wir der Intuition. Sie wird wach, wenn im Innen und Außen Parallelen aufeinandertreffen.

Der Schlüssel zur Wunscherfüllung ist das Gesetz der Anziehung.

Hier greift das „Dominoprinzip", wo alle Steine in Bewegung kommen, wenn man den ersten anschiebt.

Wenn du weißt, wie du dir selbst am besten
gefällst, schubs dich an!
In gefährlichen Situationen hören wir uns eher auf
unsere Gefühle und lassen uns intuitiv leiten.

Körperliche Bewegung
Gymnastik, Sport, Laufen, Tanz (tanzen hilft sehr
bei Angstzuständen) und progressive Relaxation
(nach Jacobsen) wirken körperlichen und
seelischen Anspannungen entgegen.
Regelmäßiges joggen, laufen, walken oder
wandern löscht negative Gedanken aus und ersetzt
sie durch Spontanität, Kreativität, neue Ideen und
„Flow".
Joggen richtet die Aufmerksamkeit auf die Atmung
und den Moment und löscht dadurch negative
Eindrücke.

Bei der progressiven Relaxation wird die Kontrolle
über bestimmte Muskelgruppen geübt.
Die Grundmethode besteht darin, nacheinander
einzelne Muskelpartien anzuspannen und wieder
zu lockern.

Körpertherapien wie Feldenkrais, Yoga oder
Qi Gong beinhalten sanft rhythmische
Bewegungen, die zum Ausgleich körperlicher und
psychologischer Zustände führen.

Bewegung macht leistungsfähiger, beschleunigt
den Stoffwechsel, beugt Melancholie vor, reguliert
den Appetit und verbessert den Schlafrhythmus.

Durch die Bewegungen werden Endorphine
ausgeschüttet, die das limbische System
stimulieren und für Frohsinn, Leichtigkeit und
Entspannung sorgen.

Licht und Farben
Farben sind im Alltag ständig und überall präsent.
Lichteinflüsse steuern lebenswichtige Instinkte,
wie das Verlangen nach Nahrung, die Sexualität
(Triebe), die Gemütslage und den Forscherdrang.
Über die Augen dringt Licht ins Gehirn und zum
Hypothalamus, der die Hormonausschüttung
stimuliert und im emotionalen Gehirn liegt.
Simulationen der aufgehenden Sonne oder der
Morgendämmerung nutzen bei Schlafstörungen
und Problemen mit dem Aufstehen, gegen
Depressionen und Menstruationsbeschwerden.
Gezielt eingesetzt können Farbeinflüsse physische
und psychische Defizite lindern, geistige
Tätigkeiten unterstützen und die Konzentration
stärken.

Meditation

Die Meditationspraktiken stammen aus östlichen Kulturkreisen.

Passive Techniken werden meistens sitzend oder liegend praktiziert, es fließen aber auch Übungen in aktive Techniken ein, wie zum Beispiel bei Yoga oder Qi Gong.

Die Konzentration auf rhythmisch gleichmäßige Reizquellen wie Mantras, Atem, Zahlen, Laute oder auch Vorstellungen bringen innere Ruhe mit sich.

Atemtechniken sind sehr wichtig, um den Körper zu entspannen.

Meditation kann verschiedene Ziele beinhalten: Ruhe, Konzentration, Achtsamkeit oder Kontemplation.

Musik

Musik kann helfen, innere Spannungen abzubauen, bis sie sich durch die Bewegung nach außen tragen. Tanzen lenkt von Negativem ab und die Aufmerksamkeit auf den Moment.

Musik öffnet die eigene Kreativität. Sie macht Gefühle hörbar und spricht das emotionale Gehirn an. Die Endorphine sorgen dann für gute Laune. Auch summen und singen lassen Gefühle hörbar werden.

Rhythmisch trommeln, pfeifen, flöten oder rasseln kann jeder, auch wenn er sich mit Musiknoten nicht beschäftigen möchte. Musizieren löst innere Spannungen und stimuliert die Kohärenz.

Riechen
Im Nasendach des Menschen befinden sich Millionen Nervenenden. Diese Riechzellen erneuern sich alle 60 Tage.
Sie reagieren auf Duftmoleküle und erzeugen Signale, die über den Riechnerv (Nervus Olfactorius) weitergeleitet werden und verschiedene Körperregionen stimulieren.
Gerüche wirken sehr individuell.
Angenehme Düfte wecken positive Erinnerungen und erzeugen so Wohlgefühl.
Mit dem Lieblingsduft zu räuchern oder ihn als Parfum zu tragen steigert das Gleichgewicht im Alltag.
In kritischen Situationen wie Stress, Angst, Unruhe, sogar bei drohender Ohnmacht, hat es sich bewährt, am Lieblingsduft zu schnuppern.

Schreiben
Sich etwas von der Seele zu schreiben, fördert die Kohärenz und leitet zum experimentieren an.

Gedanken werden beim niederschreiben wiederholt und überdacht. Die Schrift macht Gedanken sichtbar und dadurch greifbarer. Hilfreiche Aspekte und zerstörerische Rhythmen werden deutlicher.

Listen leiten dazu an, die fixierten Gedanken zu analysieren und positive Ergänzungen und Gegenstücke zu finden.

Malen oder Kollagen mit persönlichen Inhalten zu füllen, eignet sich als Alternative für Schreibmuffel.

Beispiele für Listen / Aufzeichnungen:

* ANTS – Liste:
wiederholende negative Gedanken notieren und positive Gegenstücke dazu finden

* Zeitpläne:
Zeit ist ein kostbares Gut! Um das Bewusstsein für persönlichen Inhalte im Leben zu verstärken, eignen sich feste Zeitpläne

* Stärke – Liste:
eigene Stärken aufschreiben, um sie ins Bewusstsein zu rücken, baut Selbstbewusstsein und Stolz auf

* Danke – Liste:
Dankbarkeit fördert die positive Grundeinstellung und erinnert an positive Erlebnisse, geliebten Menschen oder beliebte Sachen, wie Musik, Bücher, Hobbys

* Wünsche und Ziele:
Man zieht an, was man braucht! Ein Wunschbuch, in dem Ziele und Sehnsüchte definiert werden, zeigt Möglichkeiten auf, um sie zu erreichen.

* Loslassen – Liste:
Notiere alles, was du loslassen willst und suche nach Alternativen

* Ziele planen:
Um die bestmögliche Abfahrt nicht zu verpassen, hilft es, persönliche Wege, Möglichkeiten und Kontakte zu notieren

* Tagebuch:
Die Selbstentwicklung beobachten und positive Eindrücke festhalten

Selbstgespräche
Selbstgespräche mögen unrealistisch wirken, sind aber sinnvoll, wenn man alleine ist, – in der Öffentlichkeit wirken sie natürlich störend.

Durch lautes sprechen mit sich selbst kann die aktuelle Stimmung positiv eingefärbt werden. Der innere Dialog wird offen ausgesprochen und das verhilft zu besserem Verständnis.

Man kann sich dadurch Mut zusprechen, sich trösten, herausfordern und erforschen.

Auch um anstehende Gespräche, Aussprachen oder Konflikte mit anderen anzugehen, eignet es sich, diese vorher laut zu üben, um die richtige Wortwahl zu finden.

Selbstgespräche können entgiftend wirken, weil ständig wiederholende Beteuerungen, wie Wut und Abneigung, bewusst werden und der Kreislauf dadurch unterbrochen werden kann. Sie bieten die Gelegenheit, sich selbst zu hinterfragen.

Das Problem reduziert sich auf diesem Weg auf das Wesentliche.

Tiere

Der Kontakt zu Tieren hat etwas Besonderes: sie akzeptieren die Eigenarten der Menschen, die sie pflegen und umsorgen. Weil die Beziehungen so authentisch sind, fühlen sich beide Seiten verstanden. Für diese Tiere wichtig und hilfreich zu sein, löst positive Stimmung im Menschen aus.

Tägliches Training des EQ

* Gesund ernähren und Wasser trinken
* Positiv denken
* Danken
* Zeit mit Menschen verbringen, die man mag
* Liebevoll mit anderen umgehen
* Aroma und Düfte genießen
* Bewegung, Sport
* Meditation
* Atemtechniken anwenden
* Ziele setzen
* Gedächtnis trainieren
* Neue Ideen betrachten
* Singen und summen
* Musizieren oder Musik genießen
* Rhythmisch bewegen, tanzen
* Lachen, lächeln und grinsen so oft es geht!
* Lege ein Konto mit positiven Gefühlen an und sammel so viel du kannst!

Literaturtipps und Quellen

→ EQ Emotionale Intelligenz von Daniel Goleman

→ Die neue Medizin der Emotionen von
   David Servan – Schreiber

→ Das glückliche Gehirn von Daniel G. Amen

In der Serie *„Books to go with you – Bildung und Inspiration für die Jackentasche"* sind außerdem erschienen:

* Power für die Seele – Ein Leitfaden für den Alltag mit Positiver Psychologie

* Grundlagen chinesischer Heilkunst - Eine Einführung in Traditionelle Chinesische Medizin